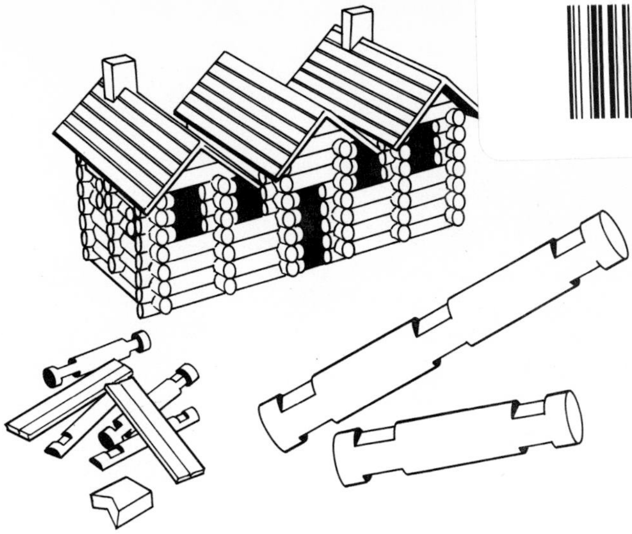

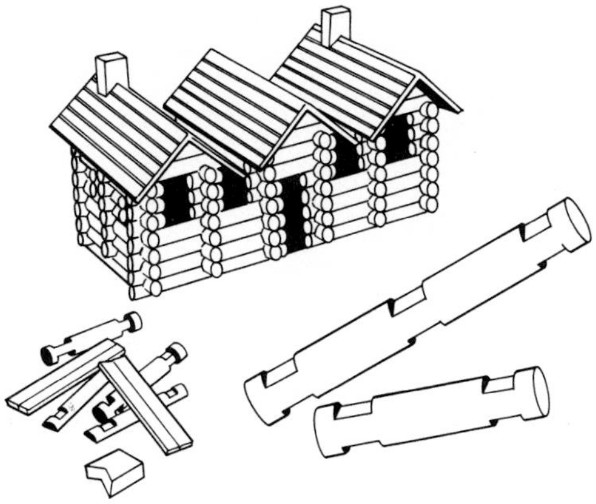

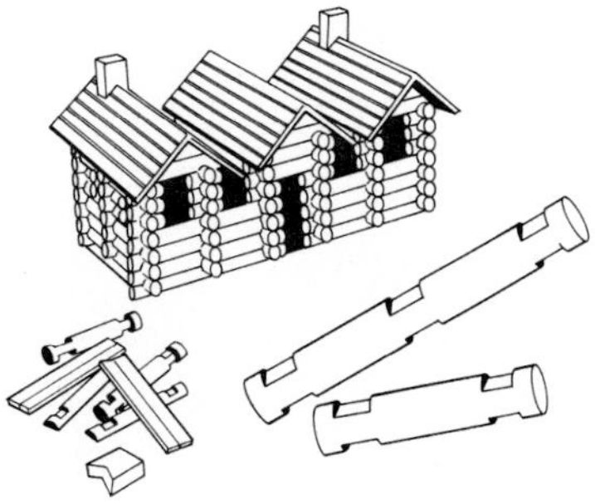

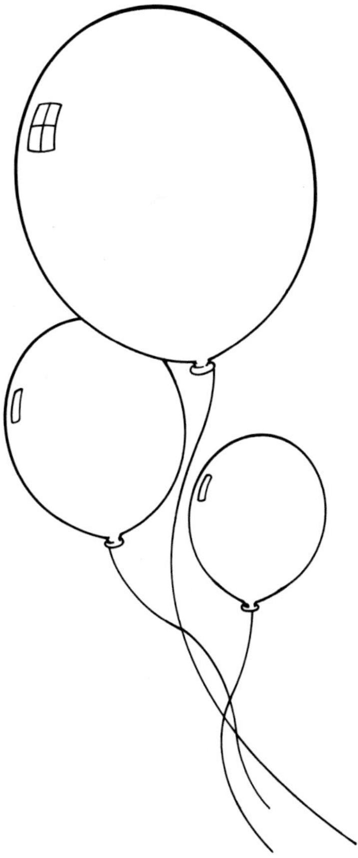
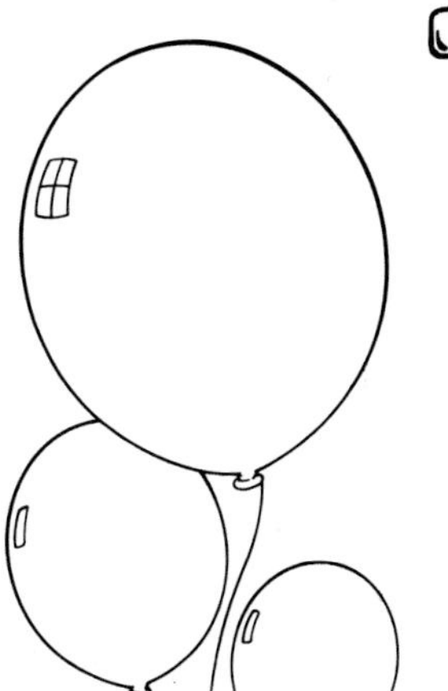
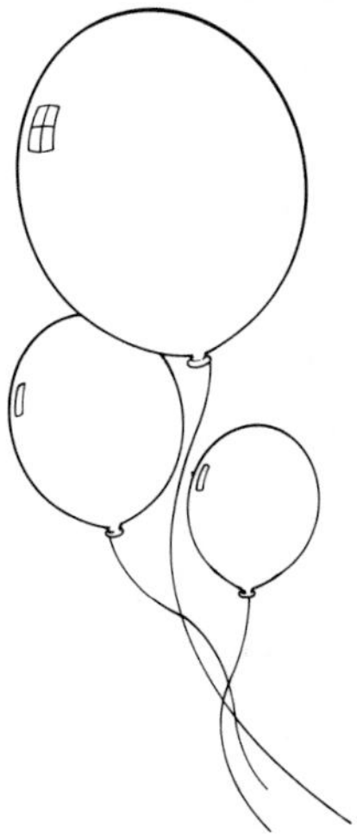

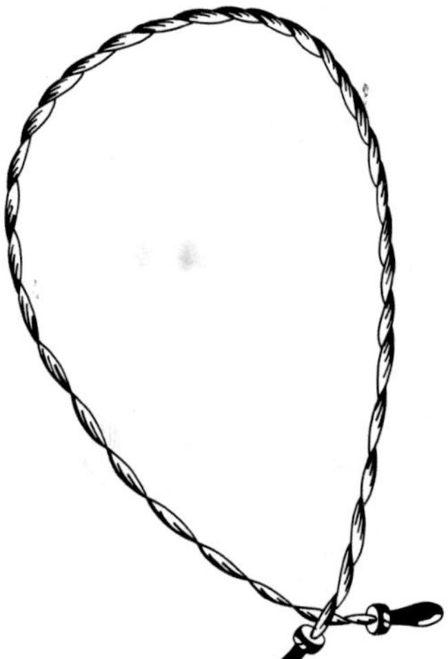

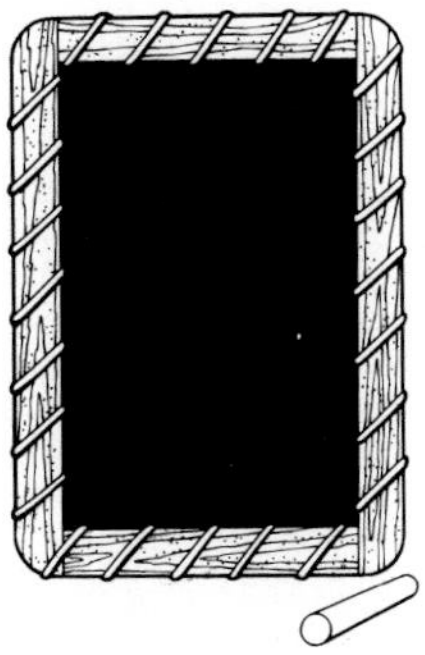

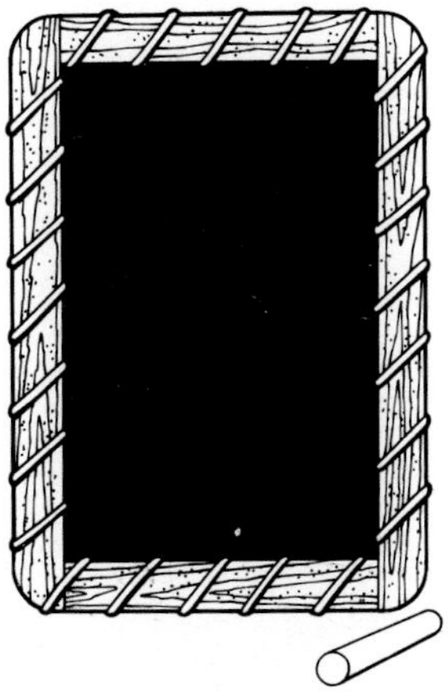

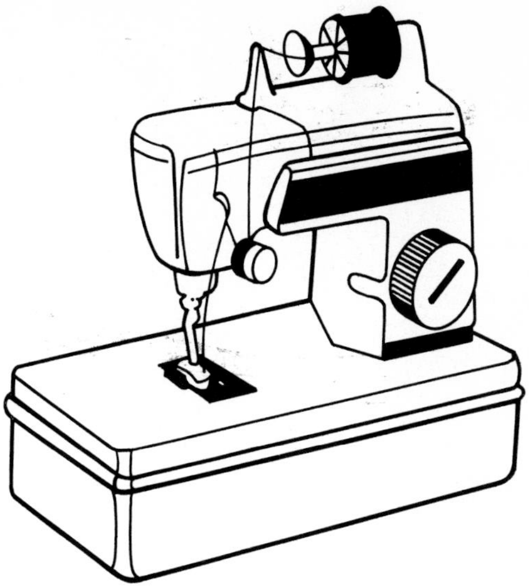

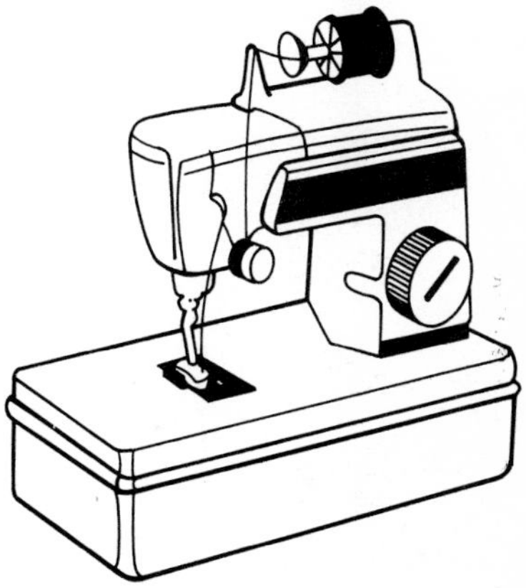

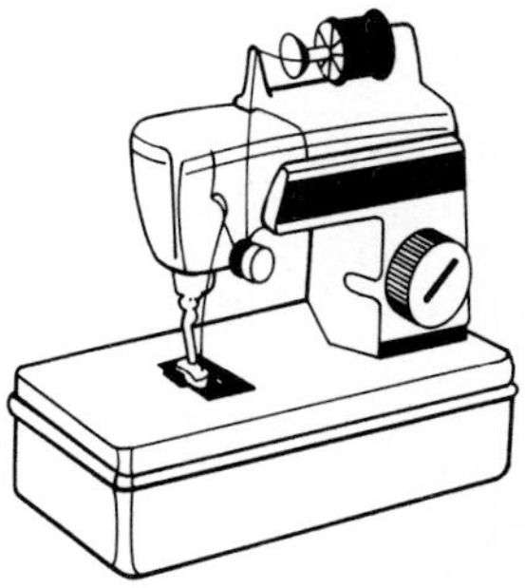

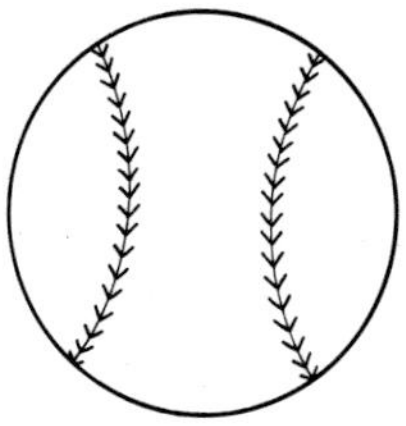

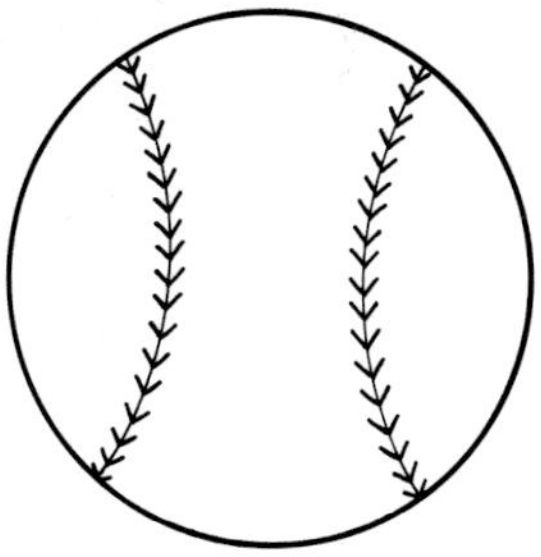
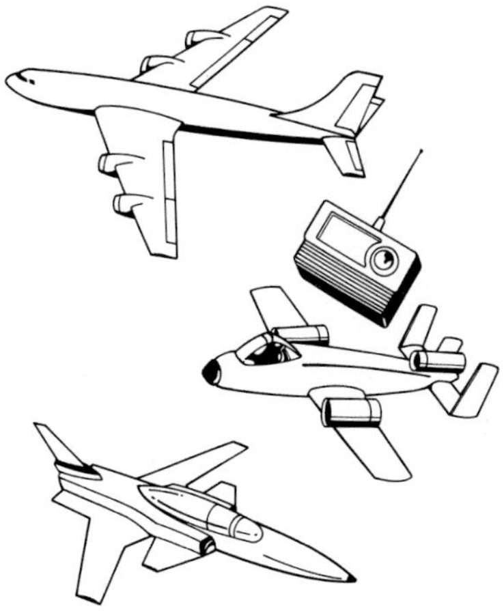
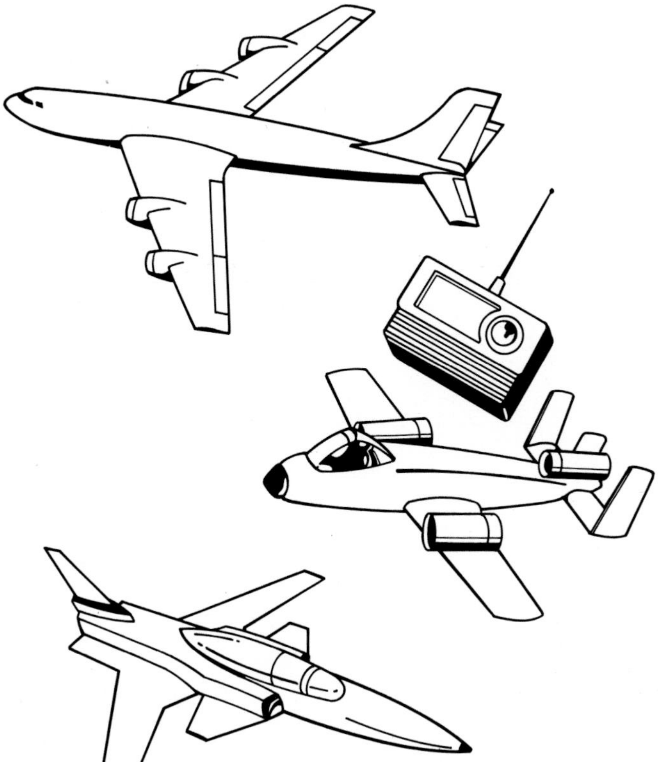
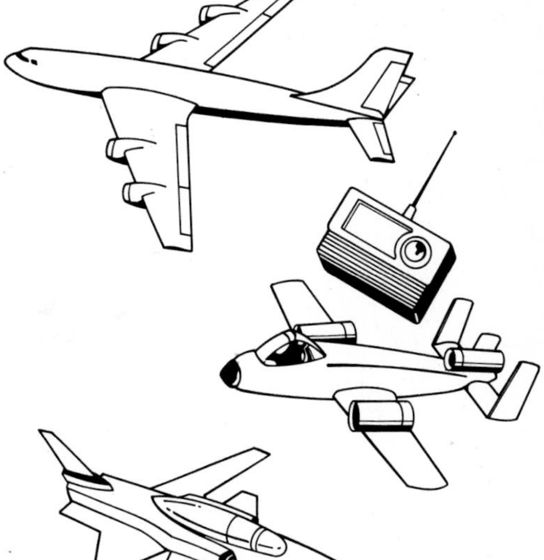

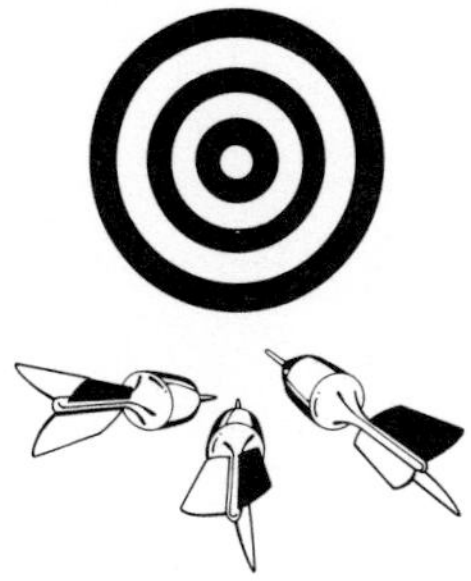

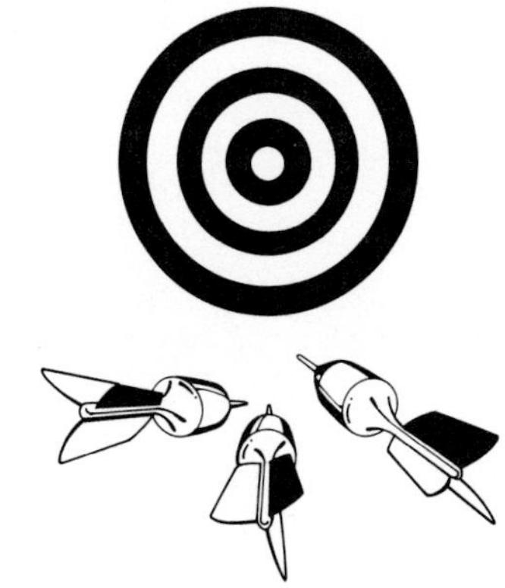

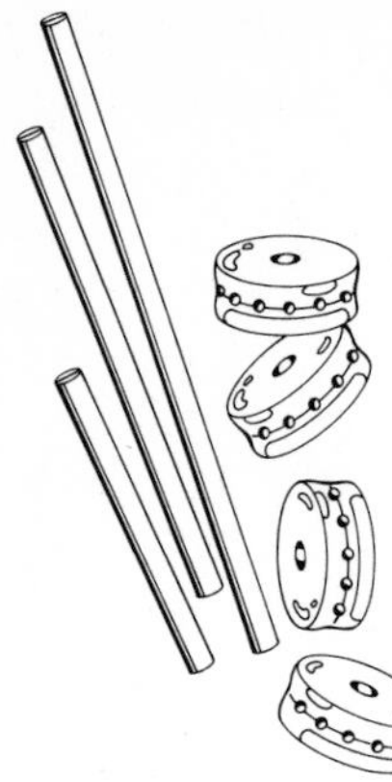

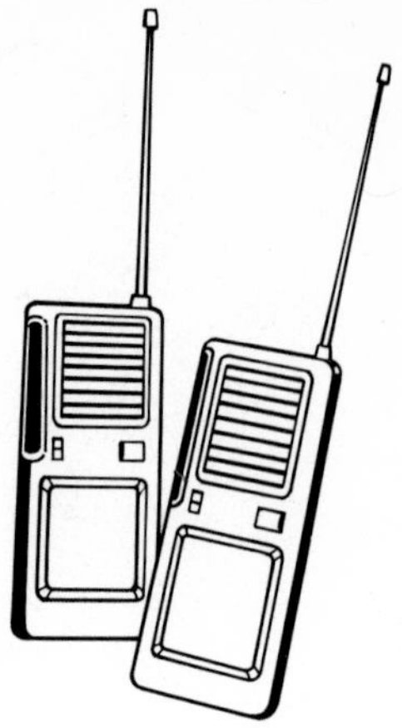
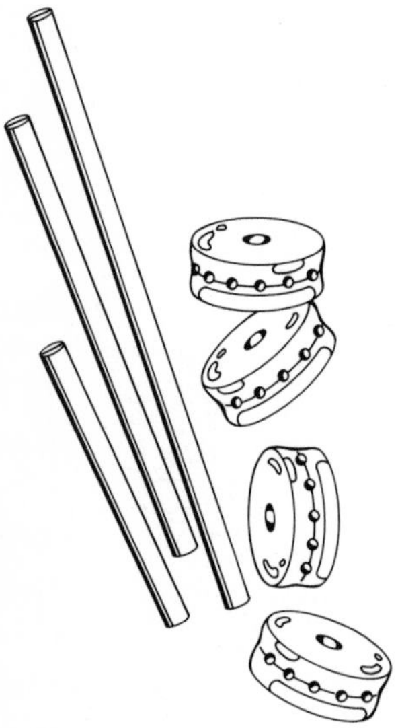

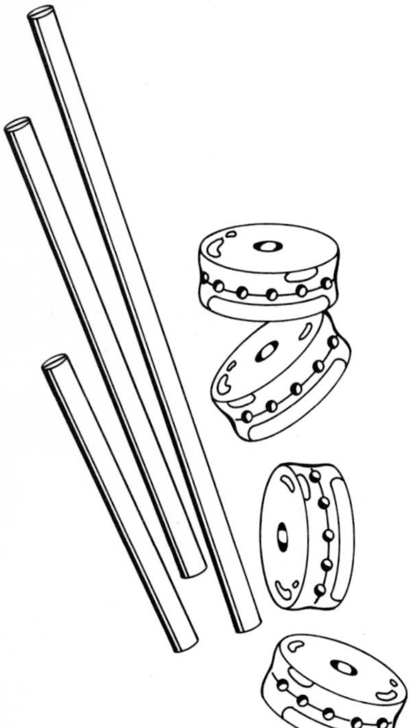

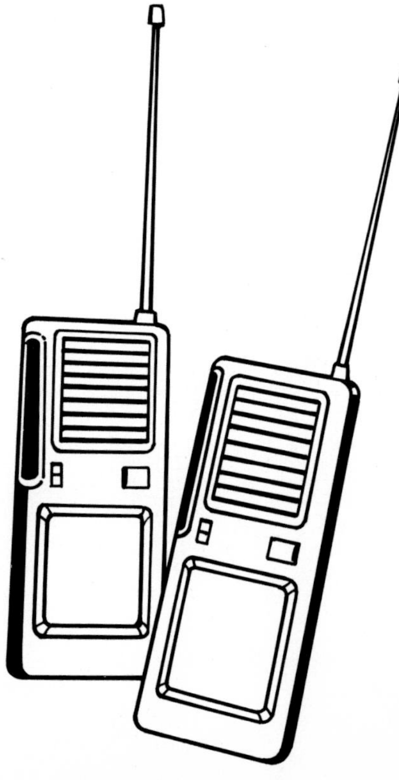

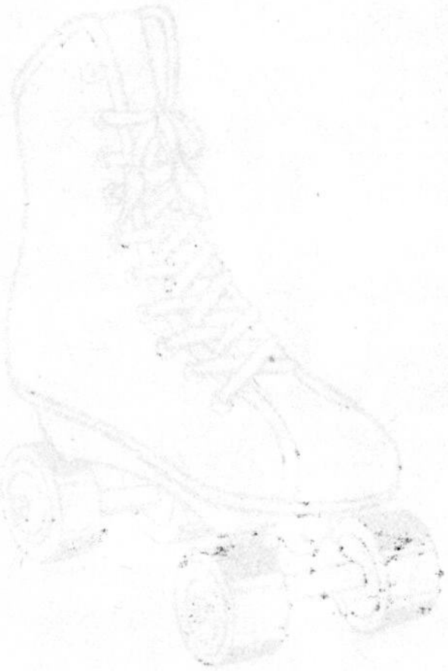

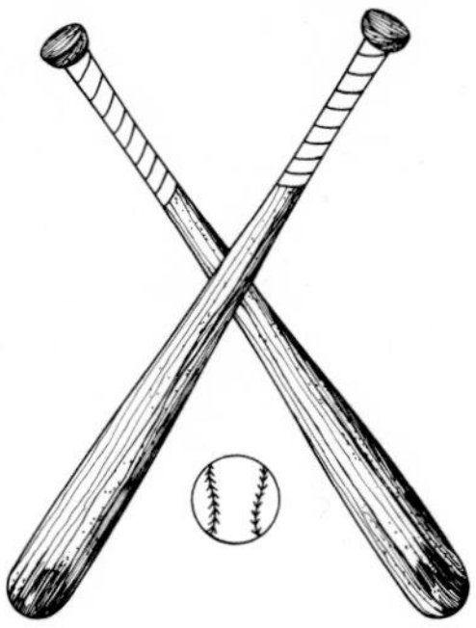
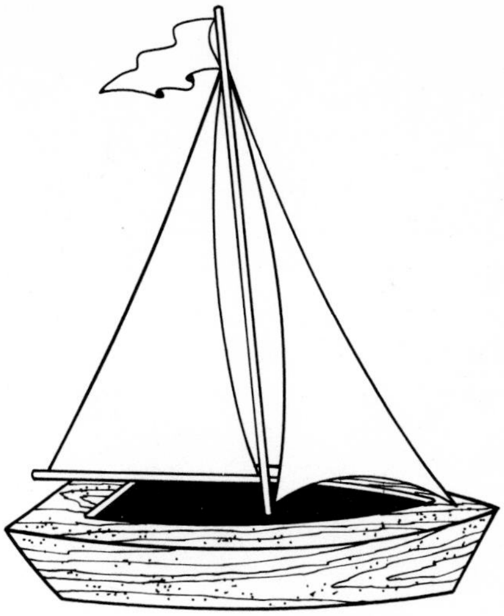

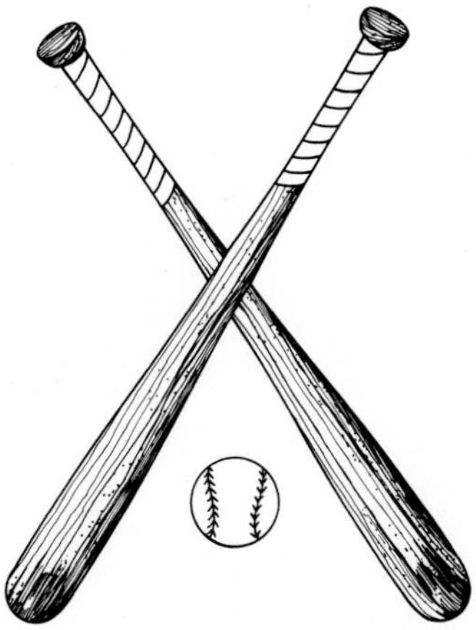
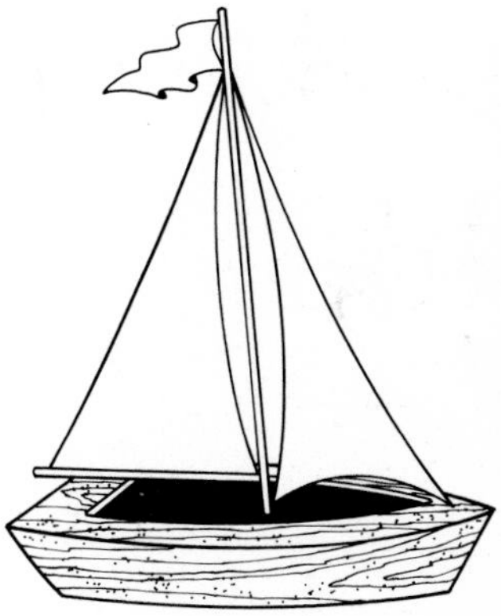

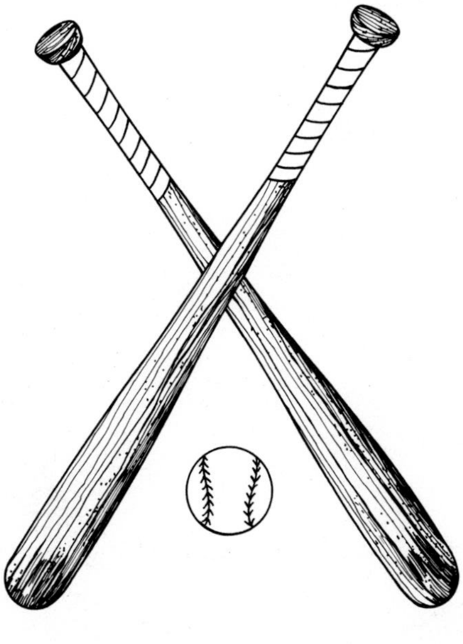

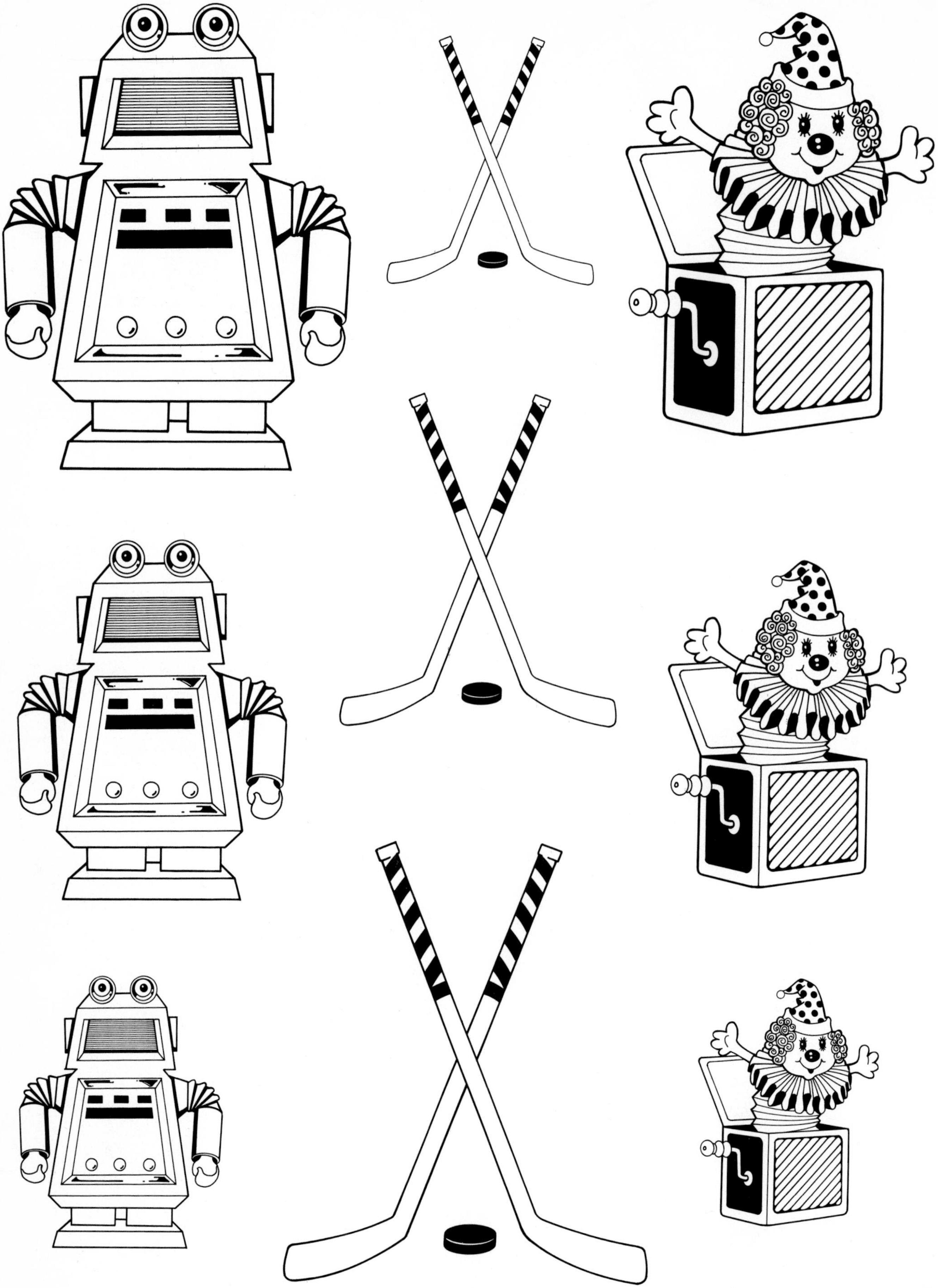

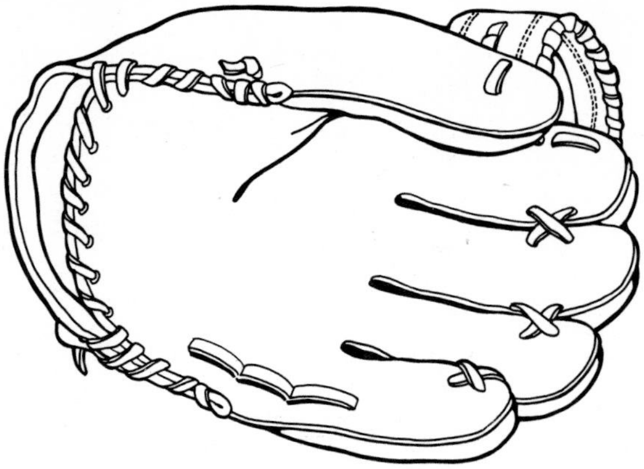

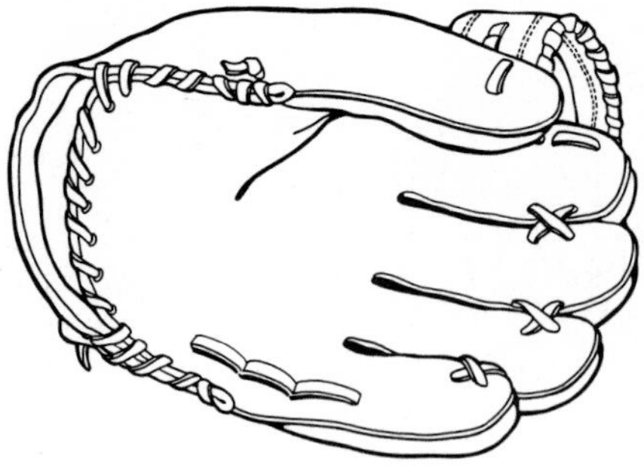

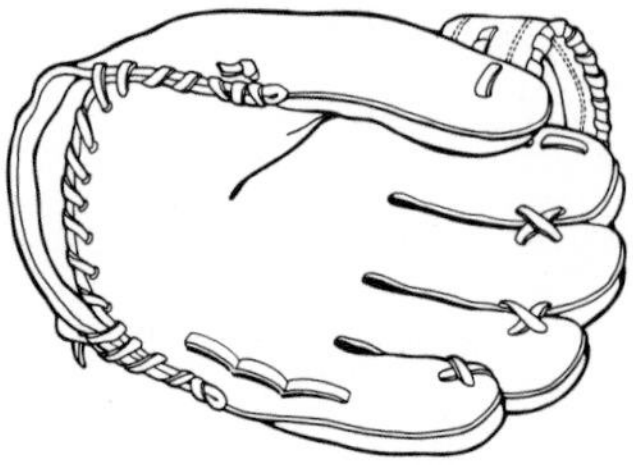

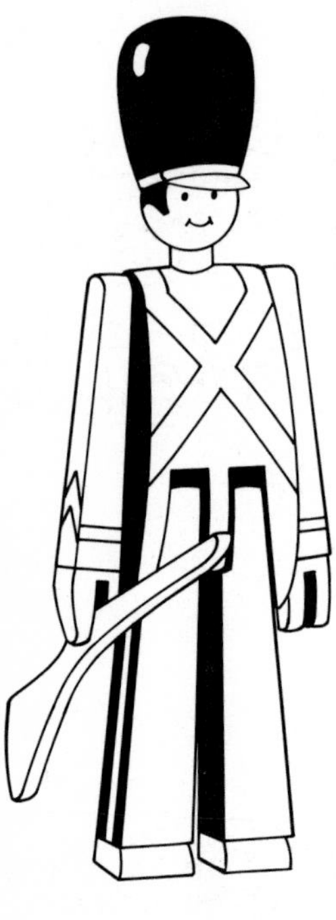

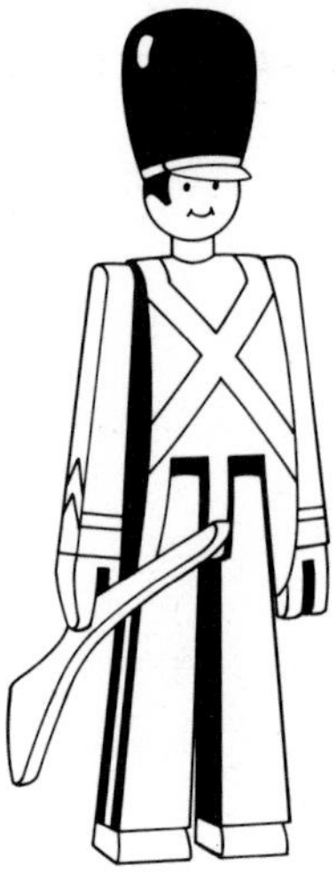

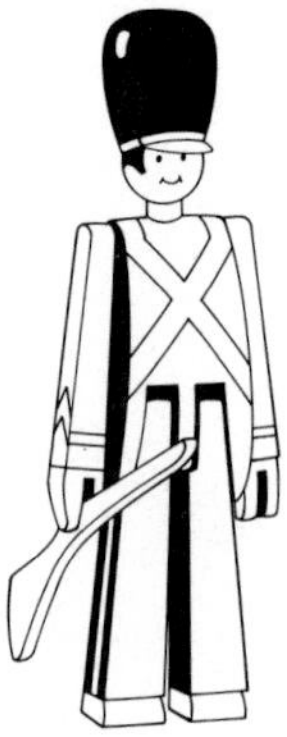

Crayons

Crayons

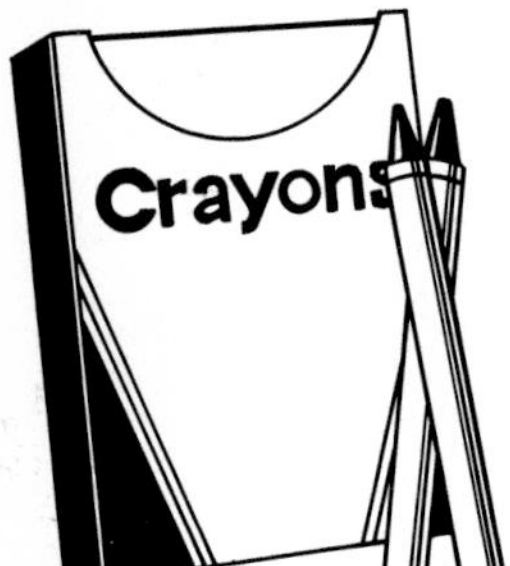
Crayons

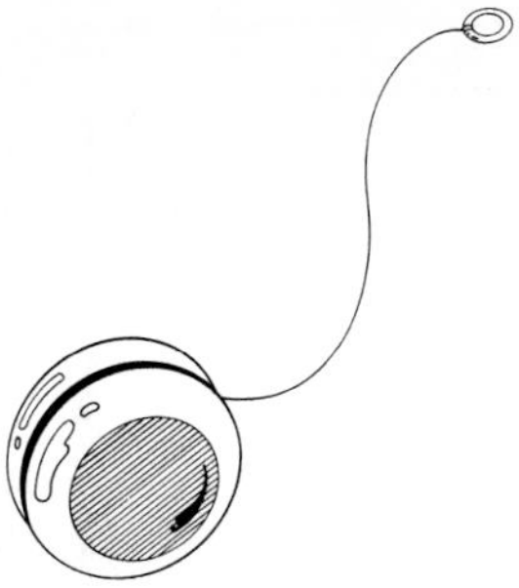

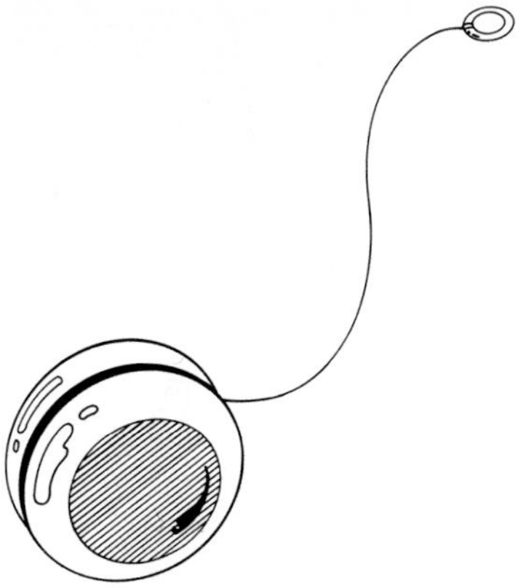

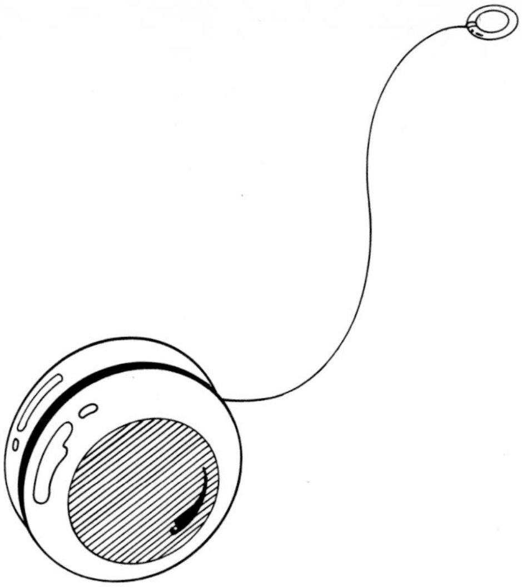

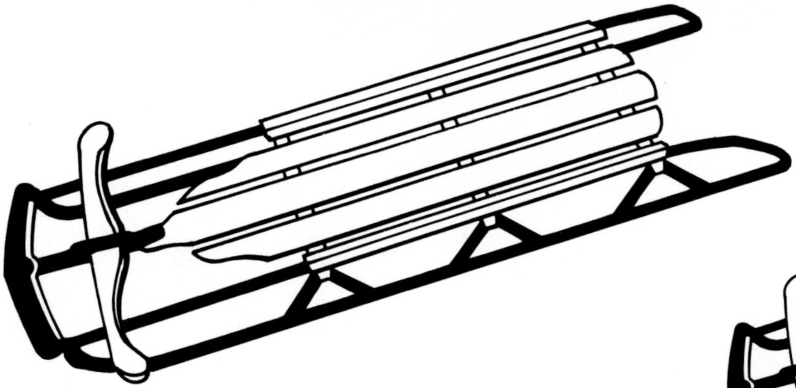

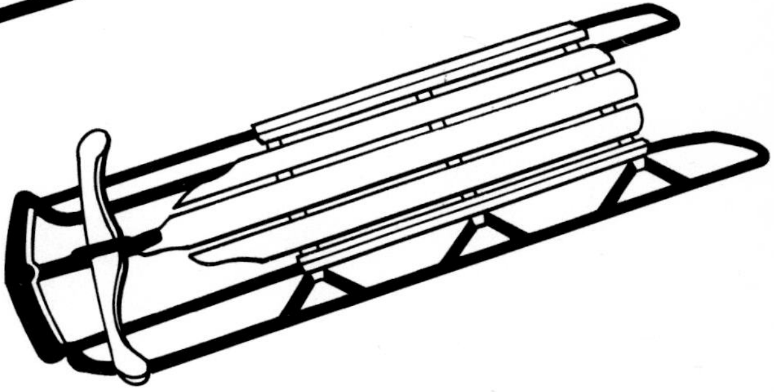

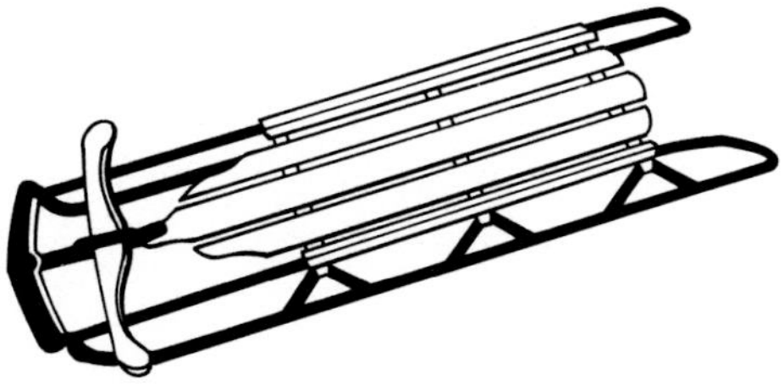

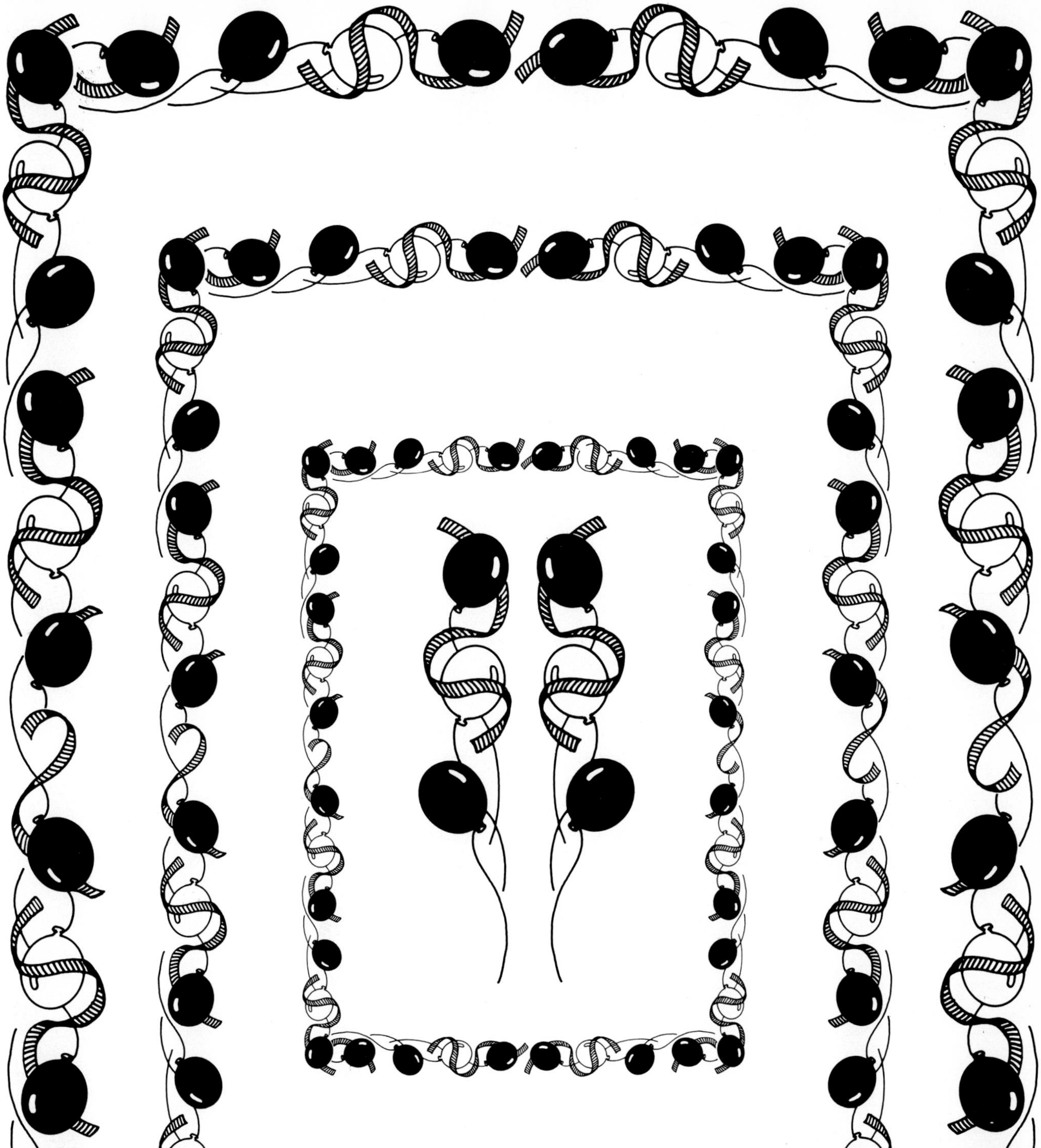

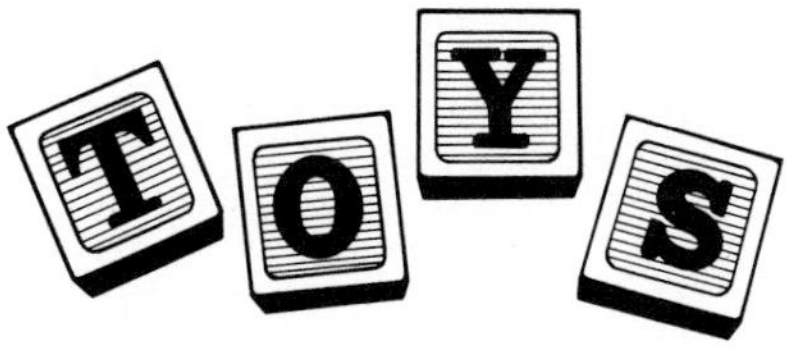
TOYS

TOYS

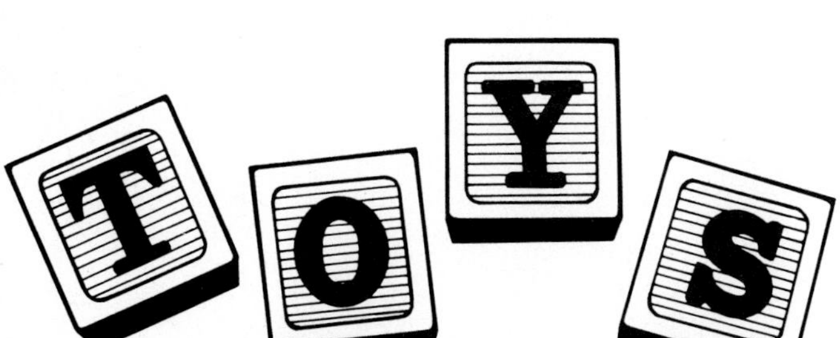
TOYS

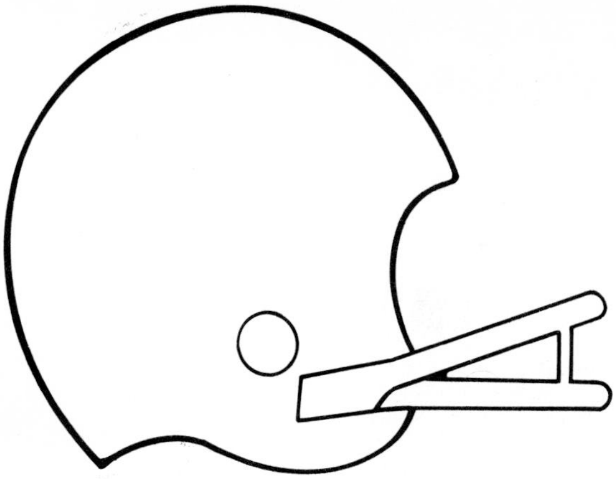
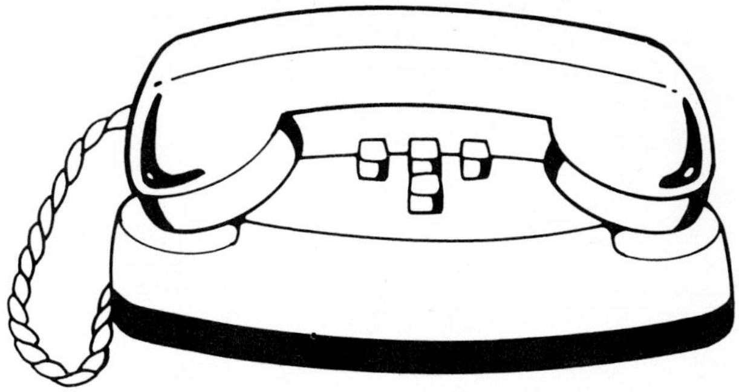

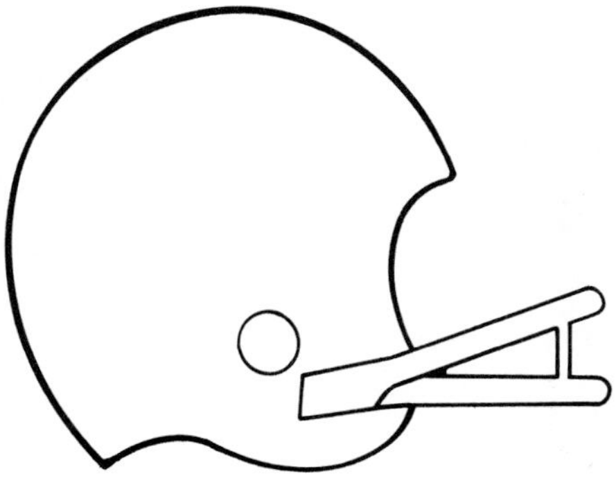
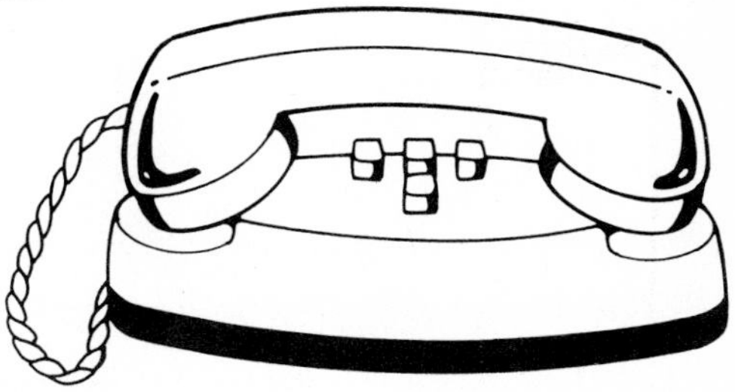

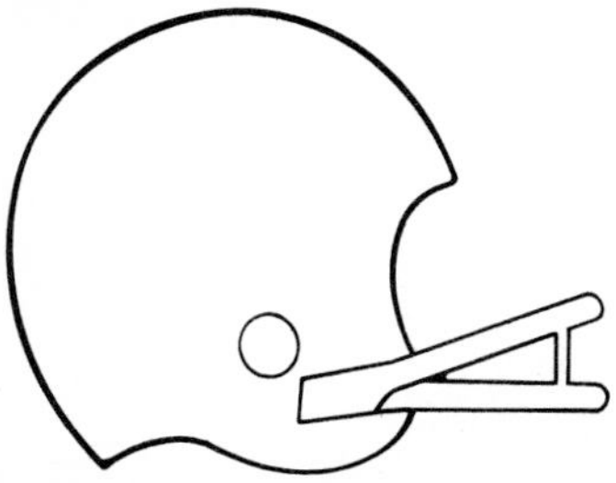
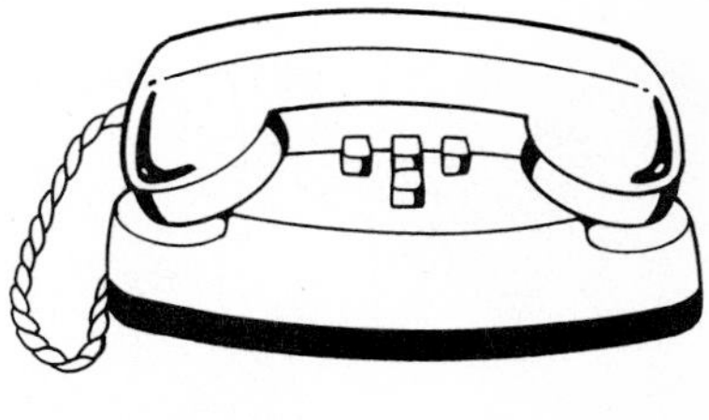

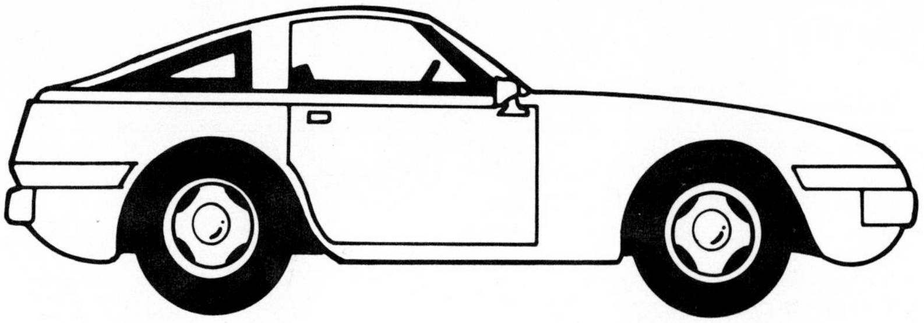

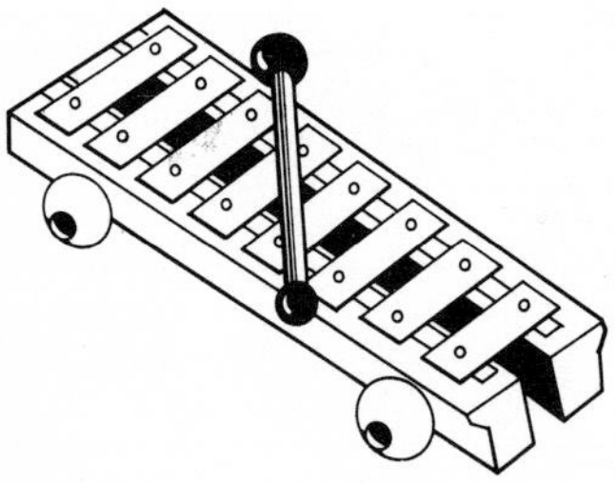

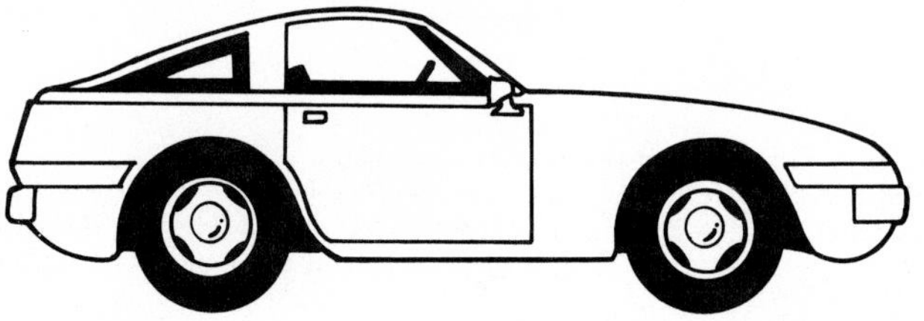

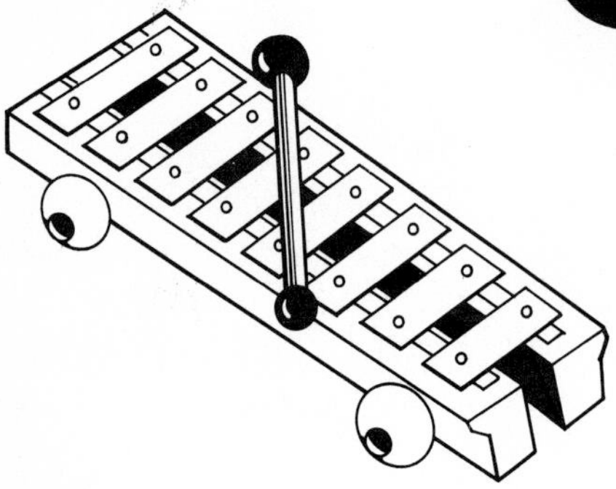

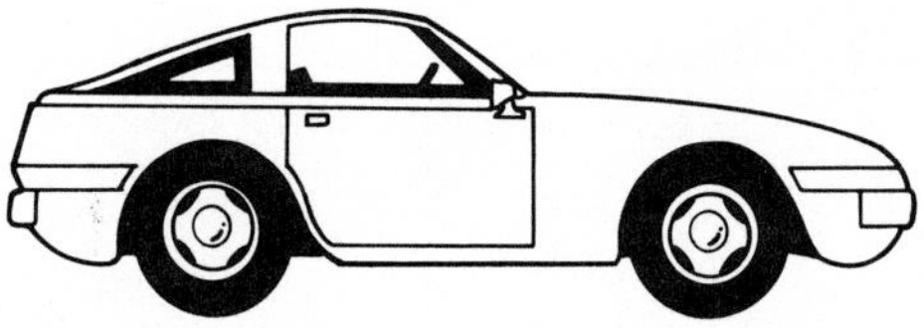